ELEFANTE

FRANCISCO ALVIM

Elefante

COMPANHIA DAS LETRAS

Copyright © 2000 by Francisco Alvim

Capa
Angelo Venosa

Preparação
Cássio de Arantes Leite

Revisão
Beatriz de Freitas Moreira
Ana Maria Alvares

Dados Internacionais de Catalogação na Publicação (CIP)
(Câmara Brasileira do Livro, SP, Brasil)

Alvim, Francisco
    Elefante / Francisco Alvim. — São Paulo : Compa-
nhia das Letras, 2000.

    ISBN 85-359-0053-5

    1. Poesia brasileira I. Título.

00-3684   CDD-869.915

Índices para catálogo sistemático:
1. Poesia : Século 20 : Literatura brasileira 869.915
2. Século 20 : Poesia : Literatura brasileira 869.915

[2000]
Todos os direitos desta edição reservados à
EDITORA SCHWARCZ LTDA.
Rua Bandeira Paulista 702 cj. 32
04532-002 — São Paulo — SP
Telefone (11) 3846-0801
Fax (11) 3846-0814
www.companhiadasletras.com.br

Nasci nu.
M. Mendes

ELEFANTE

Carnaval

Sol

Esta água é um deserto

O mundo, uma fantasia

O mar, de olhos abertos
engolindo-se azul

Qual o real da poesia?

Motel

Vou mostrar a vocês o meu Shangri-la

Cristiano

Quis frear freou
o carro derrapou
viu a morte
cair com o poste
afundou o rosto
engoliu os dentes
sentado no meio-fio
lembra Darlene

Comerciante, manicura, decorador

Minha mãe perdão adeus
Dr. João Heitor Jorge Zé perdão
a vida dele era da casa para o trabalho
do trabalho para casa
Você não quer voltar pra mim
não posso viver sem você
Adeus perdão perdão adeus
chame o Henrique
depois as coisas
chame primeiro

Briga

Eu vou agüentar
Eu sou mais forte porque
sei que ele é mais fraco

Aí ele entrou no banheiro
tomou banho
e saiu de novo pra rua

Não se meta na minha vida
enquanto você falar pra eu não fazer
eu faço

Quanto mais você fala
mais eu faço

Saio daqui todo dia
às onze da noite

Não vou bater nele
se eu der um tapa
ele cai

Não é justo a gente viver
eternamente se sacrificando
tem uns três anos que estou nessa
dois empregos
já operei do coração

Devia ser um exemplo um estímulo
Já vi que não sou
sou a derrota

Um dos dois tem que ficar
Quem vai cuidar dos meninos?
Se ele ficar doente
eu fico boa

Deus vai me ajudar
vai me dar coragem

O povo já fala
o homem da casa sou eu

Não deixa ele saber
Ele vai virar bicho
Eu não falei nada

Balcão

Quem come em pé
enche rápido

Sofrimento

Cara de tristeza na festa
Anda, vê um copo d'água pra teu pai

Espelho

Meu deus como é triste
Olhar a noite nos olhos
O som da treva ecoa
no brejo mais fundo

Lembrar a montanha
a tarde cheia de sinos
a menina — névoa no azul
o menino

Uma luz
que afastasse este breu
para além da estrela remota

Olho e vejo um furo
no escuro — um lago?
Aviões partem
Para que deserto?

Hommage à Oswald

Bandas marciais
executam a sinfonia da pátria
ao pé do lábaro estridente
Os Ministérios verrumam
Na boutonnière do azul
cintila o espírito público

Aqui

Meu corpo é o divã
à esquerda deste espelho
quantas roupas
espalhadas no soalho.
e a vontade de poder
que por toda parte se vê
aqui não tem mar tem céu
e ficamos claustrófobos
panos de chão irrisórios
do cosmo

Trópico

Sereias louras
em revoada entorpecem
o Canal do Panamá
que belo rego de bunda
suores de uma só banda
quantas carnes carentes
de carícias frementes
e os papagaios

História antiga

Na época das vacas magras
redemocratizado o país
governava a Paraíba
alugava de meu bolso
em Itaipu uma casa
do Estado só um soldado
que lá ficava sentinela
um dia meio gripado
que passara todo em casa
fui dar uma volta na praia
e vi um pescador
com sua rede e jangada
mar adentro saindo
perguntei se podia ir junto
não me reconheceu partimos
se arrependimento matasse
nunca sofri tanto
jogado naquela velhíssima
jangada
no meio de um mar
brabíssimo
voltamos agradeci
meses depois num despacho
anunciaram um pescador
já adivinhando de quem
e do que se tratava
dei (do meu bolso) três contos

é para uma nova jangada
que nunca vi outra
tão velha
voltou o portador
com a seguinte notícia
o homem não quer jangada
quer um emprego público

Comentário

Ele é o amigo
Quem vem e que fica hospedado
Ajudou-o a comprar uns terrenos

Já o outro...
As razões íntimas e secretas
não conheço
talvez ninguém conheça
O fato é que durante todo esse tempo
foi o único sucessor de que cogitou
O mais espantoso é que tenha conseguido

Acabou com a tortura
Arrebentou o sistema

Com ninguém

The city telephones are highly emotional
They howl whine and shriek
They sulk: refusing to be coaxed
into a dialling tone
no matter
how hard you try
They have tantrums: cutting
you off
in mid conversation

Aqui não converso com ninguém

Los obispos elaboran documento
La démission du Ministre du Plan traduit le malaise économique
Aumentos de sueldos
En busca de un milagro

Me passa o cigarro

La clase media va ahora
al purgatorio

(*problemáticos contraditórios heróis brancos*
e bonitos)

Mañana me voy
con Georgia
mañana me voy

Você se lembra de anteóntem? *ouvidos acostumados a distinguir à distância o rumor das coisas que se aproximam percebem sob o tropel confuso das massas cuja sombra começa a dominar o horizonte da nossa cultura os passos do homem de destino não há a estas horas país que não esteja à procura de um homem isto é de um homem carismático ou marcado pelo destino para dar às aspirações das massas uma expressão simbólica imprimindo a unidade de uma vontade dura e poderosa ao caos de angústia e de medo de que se compõe o patos ou a demonia das representações coletivas não há hoje um povo que não clame por um César*

Detesto esta cidade
O seu problema é que você está ficando velho
Velho, eu? Você é quem está ficando velho

Les indices récents d'une legère baisse de la popularité du président et de son gouvernement dans l'opinion publique ne seraient pas étrangers au choix operé

Me passa o cigarro

ne distinguait plus la raison de son plaisir, tandis que Roberte, les cuisses et les fesses ruisselantes de l'impertinence de nos deux néophytes, s'abandonnait à ses ultimes secousses, ahanant et vouant à tous les diables ses obligations à la Chambre et de deputée devenant pute entre Condorcet et Saint Lazare

Oh, que famintos beijos na floresta

frustration at your fingertips

Capado

Já capei tudo
égua, boi, cachorro
porco
se duvidar capo até
burro
Cachorra é mais fácil
Bastam três carocinhos de
chumbo

Umbral

Carnes flácidas
amaciadas
por massagem.

Pernas e testa
palmilháveis:
nada do escuro

corpo de dentro
onde a mão não vai
nem o olho.

Ali parar
a indagar:
o limiar.

(Ter um desejo
flor sem pejo
do inconsciente
é adentrar-se
perigosamente)

Sem vísceras, sem vício
não me conheço,
não me convivo.

Precate-se:
Vá ler os clássicos.

Viajantes

Chegam sem chegar
estão partindo
Riem fatigados
com as rugas da vida
Roçam frisos de alumínio

Olhar

Banheiro aceso
box de azulejo
o armário entreaberto
fio de breu

Velho

Todo velho fica assim
meio
Ah nem sei como fica
Ele não fica
Um velho não fica

As mãos de Deus

Morreu na explosão
me deixou sozinha
Chovia fazia sol
a gente sempre em casa
As pessoas comentavam
que vida mais gostosinha
a de vocês
Dei sim, dei tudo
mas
só para ele
(Hoje, por grana,
pra todos)
Não roubo, não mato
mesmo assim me pergunto
se não faço algo de
errado

Festas

Primeira regata em Santos. Ganhei o primeiro lugar. O dia em que me casei. Os dias de lua-de-mel no Rio de Janeiro. O dia em que meu patrão me chamou para ser o mestre da fábrica de tecidos. Bairro do Ipiranga. SP. Júlio Bonni.

A minha nora tem sido muito boa para mim. Não tenho palavras para agradecer. Meu filho também. Porque a primeira família, acho que acabou. Ninguém mais me procura. Queria que Deus melhorasse meus rins.

Mula

A mãe
casou muito cedo
tinha dezenove anos
sempre dentro de casa
criando os filhos
nunca saiu na rua
Separou
agora entrou nessa,
de desespero
E agora?

Confia, mãe, mas desconfia

— Pra ela todo mundo é coitado!

Hospitalidade

Se seu país é assim —
tão bom —
por que não volta?

Muda

Desculpem qualquer coisa dizia
chorando nas despedidas
Passam-se dois, três anos
Na última a frase muda
desculpe as coisas

Vizinho

O velhinho ao meu lado
é português ex-feirante
escarra a noite inteira
e às vezes tem acessos de vômito
de levantar a cama
é corajoso paciente
com jeito e graça na fala
vai obtendo o que pode das enfermeiras
criou uma sobrinha
que lhe deu netos
mora em Ramos
onde tem umas casas que aluga

Os dias passam

Lembra daquela água verde
onde os dois mergulhavam
e todos olhavam?

Tua pele suava
na água
Teu olhar preto
afogava

A vida era tanta —
deslembrava

Duas caravelas

Meu amor, me beija
com a ternura deste dia azul

Lá fora
fiapos de nuvem rolam
e o matinho do lote ao lado
está verde, crescendo

Quase não sopram
os ventos

Riso

Entre planos ridentes
arcos convexos
anfractuosidades côncavas
ri na claridade
minha sombra oblonga

Nome

Cortaram o rabo
Puseram o nome de Descoberto

O servo da gleba

Como vai, Galdino
Ah, Dona Antônia
como um cisco diante da vassoura
Pra onde me tocam
eu vou
Cachaceiro
Foi ele quem ensinou
teu irmão a beber

Eta-ferro

Pouso Alegre acabou
Pombal acabou
A Glória está acabando
Chico Alvim acabou
Tio Firmino acabou
Juquinha acabou
Tio Fausto acabou
Eu — Fausto — acabei
Tia Januária acabou
Vovô Soares acabou
Deusdedit acabou
Tio Chiquinho acabou
A Filó acabou
Vovó Emília acabou
Tia Rosinha acabou
Tudo acabou
Tudo acabou

Um telefone

De nosso bisavô Teófilo
passou pra Vovô
de Vovô pra Tilê
de Tilê pro Nico
Agora está com Clara
Eu, criancinha,
de calça curta, lá em BH
ouvia: aqui é 2-7359
Hoje o prefixo é outro
221 mas o número
7359
o mesmo

Um cavalo

chamado Balanço

Vestuário

Calça de brim branco
botina de enfiar
paletó de alpaca
gravata de nó feito

O que foi dele?

Nós não brigávamos
Combinávamos demais

Cavalo velho

Cavalo velho
bambeiam os dentes
Não pode comer milho catete mais não
Só milho de palha roxa
ou fubá

Te contar

Dorzinha enjoada
Ela começa perco a graça
Dói aí e dói aqui
Dorzinha chata

Factótum

Pior coisa
é dever um favor a alguém
Olha Virgílio
a mim você não deve nada não
Só a sua perna e

Sombra

Chove nos edifícios
e na erma galeria
de esquadrias de vidro
sujo

Chove nos edifícios
e também em tua sombra
de bípede que palmilha
esta e mais outra trilha

Aquele edifício negro
na sombra amarela, imensa
assombra toda a cidade

A ti, não

Chiado

Às vezes corre notícia
dessas menos agradáveis
e o ouvido chia

O gênio da língua

Corno manso
Bobo alegre

Ameno

Capitão Militão José de Souza Meno
era danado de mau
rapava a cabeça dos pretos
passava piche

Brigão

Você pega um bosta desses
qualquer
— bosta
você me desculpe o termo
e o que ele quer
do que ele gosta
é de brigar

Também, aliás, apenas

Sai
Passeia
Faz o que quer
Depois volta
Eu lá sentada
Nunca mais
Se eu fosse homem
também queria morar junto
alguém que cuidasse de mim
Aliás eu também quero
alguém que cuide de mim
não apenas de si
Se encontrar um assim
também caso

Um amigo meu

amigo não
conhecido
me ofereceu cocaína?
Pra mim não
meu estômago fica daquele jeito
semana inteirinha sem comer
(Uma oncinha
na bolsinha)
Aí ele falou bem assim
Vai pra casa?
Eu, hein...

Tetéia

Quem te deu esse brinquinho?
Comprei lá na feira do Gaminha

Monocórdio

Faz um ponto vinte e sete
um ponto vinte não
aí não dá
não ganho nada
e tem uma coisa
você tem que abrir o jogo
se eu abro com você
se com você eu abro
um ponto vinte e sete
eu ganho dez
você dez
mas você tem que abrir
porque eu abro com você
com você eu abro
não vai almoçar não
resolva isto antes

Chefe de seção

Deixa aí,
está bom.
Depois refazia tudo.
Chegava em casa queixando.

Em Minas

O senhor é de Brasília?
Então me diga
e essa tal de política
como é que anda por lá?
A mesma pergunta —
com pequenas variações na sintaxe e na prosódia —
na boca do balconista
madurão e simpático
do que talvez seja a última
chapelaria de BH
("A Cabana", em frente ao Mercado Municipal)
e na da velhota feiosa
baixotinha
dentes sujos de batom
encantadora
que cortou meu cabelo
no Salão (miserabilizado) Haute Coiffure Unissex Itália
da Afonso Pena
À noite o primo distante e mais velho
depois de ouvir a palestra
numa curiosidade entre disfarçada e assustada
Não me diga que você vai votar nele
— Confesso que vou
Pois seu pai não haveria de gostar nada

Filho e pai

Chegava nas casas
tocava a campainha
Tem alguma coisa pra lavar?
Roupa carro banheiro cozinha
Não sabia pedir
Queria trabalho
Tinha cinco anos
quando minha mãe morreu
meu pai sumiu
fui criado ouvindo um conselho aqui
outro ali
O que é bom
não te oferecem
Pro que é ruim
batem na tua porta
Eu nunca quis
despistava
Hoje dou a meus filhos
o que dele não recebi
Eu que sou pobre
na verdade
sou rico

Apetite

O problema do coelho
é que estava muito bom
mas
não tinha carne

Van Jaffa

Mas quem é você afinal
Sou Van Jaffa
Fui para casa. Li tudo o que havia dele
no "Letras e Artes"
para melhor conhecer o personagem
Van
por conta de meus antepassados nobres holandeses
Jaffa
por conta de meu nome
José Antonio Faria do Amaral

Velório

Bichos empalhados
pequenos ventiladores incidindo
sobre o dossel cujo cortinado —
em tiras —
fora recortado à tesoura
Na cama a morta
À meia-noite apareceu a grande pintora
também passou por lá o grande poeta
acompanhado de seu protegido
(de que só me lembro o nome de guerra: Jungle)
Moço de classe média
entretenu
nunca fez nada
De uma beleza estonteante
que não suportou a perda da mocidade
e um dia se matou

Arquivo

não pode ser de lembranças

Aberto

Para Cacaso

Às vezes o olhar caminha
na trama da luz
sem curiosidade alguma
qualquer devaneio
Vai em busca do tempo
e o tempo, como o sempre,
vazio de tudo
não está longe
está aqui, agora
O olhar sem memória
sem destino
se detém
no ar do ar
na luz da luz —
lugar?

Mente

Quase além da sensação
do estar vivo
pura luminosidade dentro
de retina inexistente —
a que tudo enxerga
tudo sente
(o tudo que é vida
e será morte) —
a palavra (palavra?) amor

amor

Elefante

O ar de tua carne, ar escuro
anoitece pedra e vento.
Corre o enorme dentro de teu corpo
o ar externo
de céus atropelados. O firmamento,
incêndio de pilastras,
não está fora — rui por dentro.
Reverbera no escudo o brilho baço
do túrgido aríete
com que distância e tempo enfureces.

Teu pisar macio, dançarino,
enobrece os ventres frios,
femininos.

A tua volta tudo canta.
Tudo desconhece.

Poema

A Carlos Drummond de Andrade

Há muitas sombras no mundo
Elas ventam nas nuvens
e no ar
brilham solitárias como topázios —
gotas de luz apagadas

Os astros ventam
A sombra é o vento dos astros

No fundo das águas prisioneiras
de lagos e açudes
há um vento de águas —
sombras

No mar
refratam-se submersas
viageiras
em meio a florestas de alga —
sombra das sombras emersas

São feitas — as sombras — de ar
escuro
Lembram o tudo e o nada

O vôo das sombras
gira em torno de uma coluna
sonora, o poema —
luz de dentro

Fora

Canção

Nas ilhas de Cabo Verde

Quando olhei para Helóisa
e vi o rosto de Helóisa
sua boca seus olhos
senti a noite de perto
senti a noite tão íntima
tão dentro do meu olhar
Um querer bem, uma mágoa
uma dor tão doída
tão sem razão, tão perdida
tão dela, de Heloísa
Helóisa é feita de escuro
Helóisa é feita de ar
Helóisa é o abraço da ilha
Eu — sou o mar
sou o mar

Frio

Pedra na fonte —
água que tudo esconde:
fronte

Névoa no rosto —
vazios de ouro:
frio

Esquece o esquecido —
amadurece o estio:
veste

Céu

Um céu, que não existe
ou talvez exista na França de Poussin
refratado nos interiores de Chardin
talvez em Turner
talvez em Guignard
certamente em Dante
ao chegar à praia do Purgatório
A felicidade que a luz traz
solta, nua neste céu
ou pensada

Picabia

Na exposição, vejo o guache *Gabrielle Buffet. Elle corrige les mœurs en riant.* Penso em Helô.

Quer ver?

Escuta

Um guarda-chuva

Un objet de circonstance
(um objeto de circunstância)
a été oublié dans la salle d'attente
(foi esquecido na sala de espera)

Tia Rosinha

Ela não batia, não bradava
O olhar era bastante:
segurava
Fitava a vítima (o eleito)
adulto ou criança
com aqueles olhos que chispavam
Uma autoridade
bruta e mansa

Irani, manda Gilson embora

Eu mando
mas ele não vai

Dos apuntes españoles

1. Expresiones

Traje de luces
Don de gentes
Coger el toro
Paso de desprecio

2. Foto

Con su hija menor
y su perrita

Migrante

Custei
Custei
Nunca mais vi ela
aí esqueci
Até que um dia de domingo
no centro de Orobó
dei com ela
bem pertinho de mim

Pressa

Tem que ser rápido
preciso viajar
Surpresos com a impaciência
os funcionários tentaram acalmá-lo
Nenhuma demissão é imediata
Despediu-se do porteiro
Até logo
Preciso descansar

Formigas

Pau oco
Cheio de formigas
ah que pena que me deu
mas fui
que nem o terremoto na Armênia
não sobrou uma

Escapulindo

Seu Sucupira ô seu Sucupira
Abra o olho
Estica o braço seu Sucupira
Acho bom chamar o Pappone
Ele não está tão bem quanto ainda agorinha

Parque

É bom
mas é muito misturado

Órfão

Sou.
De muitos pais, de
muitas mães.

Pior

do que vício
do que doença crônica

M. A. ... chez ses amis, M. ... et Mme. ...

Je vois bien
que la libido est partout dans cette maison
Il se trompait
disait Mme. ...
A cette époque là
Nous étions déjà aux prises
et sur la bonne voie du divorce

Má-criação

Ele disse que não tem pressa
Que quem tem pressa é você
Se não escutou, limpa o ouvido —
que está sujo

E agora?

Ontem estivemos lá
Está mais animado
Teve muita dor

Olha

Um preto falando
com toda clareza
e simpatia humana

Selas

Experimentei
Não reagiu

Mas

é limpinha

Descartável

vontade de me jogar fora

E eu é que sou burro

Você é o dono
e deixa fazer o que ele faz?
O que ele te deve
vai ter que pagar

L'Union Latine

Nous tous avons été plus ou moins eclairés
par les douleurs de la Révolution Française

Nous voulons créer une sorte de vestibule, d'antichambre

Un cheval de renfort
pour faire face à la butte anglaise

Et pourtant
il y a aussi les hispanophones
qui nous harcèlent

C'est absurde
mais eux ils pensent à nous comme une menace

La langue française ne menace personne

Debate

eu quis colocar esse tipo de coisa
mas então pensei
mas meu deus do céu
aí ele disse

Até porque

Mandei que repensassem
Mandei reformatar

Apenas

Uma sala especial
onde ficarão apenas
o depoente
os membros da comissão de inquérito o cardiologista
e a equipe de televisão
para a transmissão em *pool*

Irritados e preocupados

consegui deixá-los
— Se levar um tiro
nem vou ao enterro
— Ele não é doido
— Mas fez coisa de
— Ele devia ter ficado
quietinho

Hola!

muy buenas!
Cuatro, verdad?

Una más!

Servidor!
Caramba!

En la calle

el culo
el dedo

Proximidade

Num momento determinado
o primeiro-ministro
que estava sentado ao lado
exigiu que não gesticulasse tanto

Mesmo?

Vou ali
Volto já

Na fila

— Ça va pas non
— Mais non madame voyons
J'ai pas fait exprès
suis pas vicieuse à ce point là
si on ne m'avait pas fait exprès un croche-pied
en arrière

Luísa

— Vim também saber se você
já leu o livro
— Li. Tão romântico. Parece coisa de adolescente.
Fecha a gavetinha à chave.
Sandália florida blusa amarela
braços morenos

Tablô

O Embaixador do Ceilão
encantou-se com a Embaixatriz da Índia
(mais linda asiática
não conheci)
e de repente
para constrangimento geral
bradou
esta noite
você dorme comigo
Bebera demais
teve que sair
amparado pelo chofer

Ela

Soca ela
Soca

Argumento

Mas se todos fazem

Vão me judiar?

Ficou nervosa?
Só depois que eu soube
Isso dói muito?
Dá devagarinho
Dor é o de menos
O pior é a falta de ar
Nunca tive pressão alta
Pensei que fosse bronquite asmática
Meu marido teve uma crise
baixou, baixou tanto
que se foi
Eu não
Sou corajosa

Desceu bem

Eu forro antes

Criatura

Vai embora não
Vem cá
Não me põe doente não
Se não era pra ficar
pra que que veio?

Fundo

No dia seguinte
tratei ela muito bem
Ela nem olhou pra minha cara
Não liguei
Mas no fundo

Irmão de leite

Um saco na mão
(naturalmente
com uma rapadura dentro)
encostado bêbado no barranco
Eu mamei no peito preto da mãe dele
Não paramos
Não voltamos
Ficou ali
Meu Deus

Sem dentes

— Como vai, seu Adilson
— Deste jeito

Em família

O dia que eu falei com ela
de Graça Aranha
e ela disse
que ele era uma besta
eu tranquei com ela

Não disse isto
mas devia ter dito

Então bota de lado essa cerimônia
e diga logo o que você pensa

Início

Tem o apartamento
do Rio
É muito pequeno
Vendo uns tapetes
te compro outro maior
Aí ela não quis
Chama nosso filho
e papai
diga a eles que a gente não vai continuar
Chama você
Vão ver
que é você
que quer se separar

Negócio

Depois a gente acerta

Travesti

mora sozinho
Ninguém sente a falta
E não tem família pra reclamar

Ele

Inteligente?
Não sei. Depende
do ponto de vista.
Há, como se sabe,
três tipos de inteligência:
a humana, a animal e a militar
(nessa ordem).
A dele é a do último tipo.
Quando rubrica um papel
põe dia e hora e
os papéis
caminham em ordem unida.

Por cima

Falam mal de nós
Falam
Dizem mal de nós
Dizem
Mas nada mais servil
que um civil

Lembra?

O sujeito que foi torturado e que não escondia
O que não foi e dizia que tinha sido
O que tinha sido e que negava
O que foi e que escondia

Psiu

volto já

Futebol

Tem bola em que ele não vai

Aparece

Internado várias vezes
Ó Guiomar, faz aquele
cafezinho
que não esqueço
Lê o jornal
Bem vou indo
Vejo que todos estão bem
Até (nunca) mais ver

Aquela bobinha

Como você mudou
É, cidade grande ensina muita coisa
Ele é solteiro não paga aluguel
Ganha bem gasta pouco
Eu não tenho o direito de me vestir de
me calçar?
Tudo saindo só do meu bolso?

Gemido

Este mundo
custa tanto a passar
a gente sofre tanto

O ser humano é o seguinte

Conversa de Alice com Humpty Dumpty

— A questão é de saber
se uma palavra pode significar tantas coisas
— Não, a questão é de saber
quem manda

9. Otras consideraciones

No existen

No telefone

Ia te dizer uma coisa

Me esqueci

Arrumando o armário
achei aquele seu pijama

Você volta aqui?

Escolho

Parado

Na plataforma superior

Entre as pernas
no chão
as compras num plástico

Longe do verso perto da prosa
Sem ânimo algum
para as sortidas sempre —
enquanto duram —
venturosas da paixão

Longe tão longe
do humor da ironia
das polimorfas vozes
sibilinas
transtornadas no ouvido
da língua

Ali onde o chão é chão
as pernas, pernas
a coisa, coisa
e a palavra, nenhuma
Onde apenas se refrata
a idéia

de um pensamento exaurido
de movimento

Entre dois trajetos
dois portos
(duas lagunas)
duas doenças

Sublimes virtudes do acaso
por que não me tomais
por dentro
e me protegeis do frio de fora
da incessante, intolerável, fuga do enredo?
da escolha?

Corpo

Enquanto mija
segura a pasta

Guapuruvu

Linha oceânica da testa
repensar das ventanias
lenho sem sombra
funesto
pilar de toda a alegria

Horizonte que pulsa
vertigem
Serpente que retesa as manhãs
Razão inconclusa
tormento
adorno do Estige — manhã

Ventura

A Fernando Reis

Corro. No deserto
líquidos longes e pertos

Palavra do pó, limalha
ranhura do olhar cego

O sol com brilho de lua
apaga-se em desmemória

Pedra sedenta o poente
da luz que tudo sente

Rasga o ar sua túnica
de seda e romã — este sangue

Aventura humana e dura:
a nenhuma aventura

Canto

Ária branca — aderência
em muro branco
neste dia tão solar —
dia dos mortos
dia do antes

É como se o olhar tornado
inumano
por força do branco
soasse
livre do longe e do perto
de si mesmo referto
na desmesura do ar

Longe ficaram as montanhas
Perto o lago não está

Torre

Nuvem e sino
Ouro na treva
da hora adversa

A luz perdoa

Na alma a coroa
de espinhos
da dor mais profunda
desfaz-se na tarde

A torre refaz
o azul, a aragem

Planície

Uma girafa baba toda a lua
búfalos comem o horizonte
pássaros tombam sob a neve
da montanha perto longe

Binóculos para achar
o leão mais altivo
que inexiste na sombra baobá

Ouço dentro um brusco mar
arremeter rinoceronte

Num adro

Nuvens passam
O olhar não percebe o barulho dos astros

Índice

Carnaval, 9
Motel, 10
Cristiano, 11
Comerciante, manicura, decorador, 12
Briga, 13
Balcão, 15
Sofrimento, 16
Espelho, 17
Hommage à Oswald, 18
Aqui, 19
Trópico, 20
História antiga, 21
Comentário, 23
Com ninguém, 24
Capado, 26
Umbral, 27
Viajantes, 28
Olhar, 29
Velho, 30
As mãos de Deus, 31
Festas, 32
Mula, 33
Confia, mãe, mas desconfia, 34
Hospitalidade, 35
Muda, 36
Vizinho, 37
Os dias passam, 38

Duas caravelas, 39

Riso, 40

Nome, 41

O servo da gleba, 42

Eta-ferro, 43

Um telefone, 44

Um cavalo, 45

Vestuário, 46

O que foi dele?, 47

Cavalo velho, 48

Te contar, 49

Factótum, 50

Sombra, 51

Chiado, 52

O gênio da língua, 53

Ameno, 54

Brigão, 55

Também, aliás, apenas, 56

Um amigo meu, 57

Tetéia, 58

Monocórdio, 59

Chefe de seção, 60

Em Minas, 61

Filho e pai, 62

Apetite, 63

Van Jaffa, 64

Velório, 65

Arquivo, 66

Aberto, 67

Mente, 68

Elefante, 69

Poema, 70

Canção, 72

Frio, 73

Céu, 74

Picabia, 75

Quer ver?, 76

Um guarda-chuva, 77

Tia Rosinha, 78

Irani, manda Gilson embora, 79

Dos apuntes españoles, 80

Migrante, 81

Pressa, 82

Formigas, 83

Escapulindo, 84

Parque, 85

Órfão, 86

Pior, 87

M. A. ... chez ses amis, M. ... et Mme. ..., 88

Má-criação, 89

E agora?, 90

Olha, 91

Selas, 92

Mas, 93

Descartável, 94

E eu é que sou burro, 95

L'Union Latine, 96

Debate, 97

Até porque, 98

Apenas, 99

Irritados e preocupados, 100

Hola!, 101

Una más, 102

En la calle, 103

Proximidade, 104

Mesmo?, 105

Na fila, 106

Luísa, 107

Tablô, 108

Ela, 109

Argumento, 110

Vão me judiar?, 111

Desceu bem, 112

Criatura, 113

Fundo, 114

Irmão de leite, 115

Sem dentes, 116

Em família, 117

Início, 118

Negócio, 119

Travesti, 120

Ele, 121

Por cima, 122

Lembra?, 123

Psiu, 124

Futebol, 125

Aparece, 126

Aquela bobinha, 127

Gemido, 128

:, 129

Conversa de Alice com Humpty Dumpty, 130

9. Otras consideraciones, 131

No telefone, 132

Escolho, 133
Corpo, 135
Guapuruvu, 136
Ventura, 137
Canto, 138
Torre, 139
Planície, 140
Num adro, 141

ESTA OBRA FOI COMPOSTA PELO ESTÚDIO O.L.M. EM MERIDIEN, TEVE SEUS
FILMES GERADOS PELO BUREAU 34 E FOI IMPRESSA PELA GEOGRÁFICA EM
OFF-SET SOBRE PAPEL PÓLEN BOLD DA COMPANHIA SUZANO PARA A EDITORA
SCHWARCZ EM OUTUBRO DE 2000